Alles im Überblick

PONS

FRANZÖSISCH to go
GRAMMATIK

Die wichtigsten Regeln im Taschenformat

PONS

FRANZÖSISCH to go
Grammatik

Die wichtigsten Regeln im Taschenformat

von
Elisabeth Froget-Seeger
Krystelle Jambon

Ernst Klett Sprachen GmbH
Barcelona - Belgrad - Budapest - Ljubljana - London - Posen - Prag -
Sofia - Stuttgart - Zagreb

PONS
FRANZÖSISCH to go
Grammatik

Die wichtigsten Regeln im Taschenformat

von
Elisabeth Froget-Seeger
Krystelle Jambon

Auflage A1 5 4 3 2 1 / 2008 2007 2006

Internet: www.pons.de
E-Mail: info@pons.de

Redaktion: Angelique Slaats
Logoentwurf: Erwin Poell, Heidelberg
Logoüberarbeitung: Sabine Redlin, Ludwigsburg
Einbandgestaltung: deutschewerbeagentur
Titelfoto: Vlado Golub, Stuttgart
Layout/Satz: Regina Krawatzki, Stuttgart
Druck: Achilles Papierveredelung, Celle
Printed in Germany.
ISBN10: 3-12-561336-1
ISBN13: 978-312-561336-2

Aussprachetabelle

Vokale		
[a]	b**a**c	*M**a**nn*
[e]	**é**tat, pr**e**sser	*Schn**ee***
[ɛ]	ca**i**sse	***ä**ndern*
[ə]	m**e**nace	*bitt**e***
[i]	d**i**plome	*v**ie**l*
[o]	**au**teur	*B**o**den*
[ɔ]	**o**btenir	***o**ffen*
[ø]	**Eu**rope	*W**ö**rter*
[œ]	profond**eu**r	*wie offenes **ö***
[u]	c**ou**p	*g**u**t*
[y]	nat**u**re	*s**ü**ß*

Halbvokale		
[j]	p**i**èce	*Mill**io**n*
[w]	b**o**ite	*wie „ua" als ein Laut*
[ɥ]	prod**ui**t	

Nasale		
[ɑ̃]	ch**am**pignon	
[ɛ̃]	f**in**	
[ɔ̃]	b**on**b**on**	

Konsonanten		
[b]	**b**eau	***B**uch*
[d]	**d**u	***D**ose*
[f]	**f**eu	***F**arbe*
[g]	**g**ant	***G**arten*
[ʒ]	**j**our	***J**ournalist*
[k]	**c**ours	***K**anne*
[l]	**l**ac	***L**iebe*
[m]	**m**er	***M**und*
[n]	**n**ature	***N**ase*
[ŋ]	la**ng**	*joggi**ng***
[ɲ]	si**gn**e	
[p]	**p**ont	***P**olitik*
[ʀ]	**r**ègle	
[s]	**s**oleil	*wei**ß***
[z]	ro**s**e	***S**onne*
[ʃ]	**ch**at	*Fi**sch***
[t]	**t**oi	***T**ag*
[v]	**v**isite	***V**itamin*

Artikel

Bestimmter Artikel

	Singular	Plural
maskulin	**le** restaurant	**les** restaurants
	l'arbre*	**les**‿arbres**
	l'hôtel*	**les**‿hôtels**
feminin	**la** baguette	**les** baguettes
	l'erreur*	**les**‿erreurs**
	l'heure*	**les**‿heures**

* Vor Vokalen oder „stummem h" wird ***le*** oder ***la*** zu ***l'***.

** Vor Vokalen oder „stummem h" werden die Artikel in der Aussprache immer gebunden.

Gebrauch des bestimmten Artikels

Anders als im Deutschen steht der bestimmte Artikel

- vor Ländernamen: **La** Belgique est en Europe.
- bei Eigennamen: **Les** Schmidt arrivent demain.
- bei Titeln: **Le** docteur Meunier est en vacances.
- vor den Wochentagen (Ausdruck der Gewohnheit / Wiederholung):
  Le dimanche, je vais au marché.
  – *Sonntags / Jeden Sonntag gehe ich auf den Markt.*
- bei Körperteilen: Elle a **les** yeux bleus.
- nach **apprendre**, **adorer**, **aimer**, **détester**, **préférer**:
  J'apprends **le** français car j'adore **le** Québec.

Die Präpositionen *à* und *de* und der bestimmte Artikel

à + le = au	de + le = du
à + les = aux	de + les = des

J'aime le gâteau **au** chocolat et la tarte **aux** fraises.

Unbestimmter Artikel

	Singular	Plural
maskulin	**un** vélo	**des** vélos
	un homme	**des**‿hommes*
feminin	**une** bicyclette	**des** bicyclettes
	une orange	**des**‿oranges*

* Vor Vokalen oder „stummem h" werden die Artikel in der Aussprache immer gebunden.

Im Gegensatz zum Deutschen gibt es eine Pluralform des unbestimmten Artikels:

Vous avez **des** chambres avec vue sur la mer ?
– *Haben Sie Zimmer mit Meeresblick?*

Teilungsartikel

	Singular	Plural
maskulin	**du** pain	**des** glaçons
	de l'œuf*	
feminin	**de la** farine	**des** tomates
	de l'huile*	

* Vor Vokalen oder „stummem h" wird ***le*** oder ***la*** zu ***l'***.

Der Teilungsartikel steht bei unzählbaren Dingen, um eine unbestimmte Menge auszudrücken:
Pour l'apéritif, j'achète **du** vin, **de la** bière, **de l'**eau gazeuse et **des** cacahuètes.

Nach **avec** wird der Teilungsartikel verwendet:
Des biscottes avec **du** beurre et **de la** confiture.

Der Teilungsartikel steht auch bei einigen festen Wendungen:
faire **du** sport / faire **du** foot – *Sport treiben / Fußball spielen*
jouer **du** piano – *Klavier spielen,* avoir **de la** chance – *Glück haben*

Beim Teilungsartikel wird die Verneinung mit **ne ... pas de** gebildet:
Je **ne** mange **pas de** croissants.

Mengenangaben mit *de*

Mengenangabe + **de** + Substantiv ohne Artikel

Il faut un litre **de** lait, une bouteille **d'**huile et un kilo **de** pommes.

beaucoup de **un peu de** **assez de**	+ Substantiv ohne Artikel

Le matin, je bois **beaucoup d'**eau et le soir, je prends **un peu de** vin.

Substantiv

Geschlecht bei Personen

Regelmäßige Endungen

maskulin	feminin
un étudiant	une étudiant**e**
un employé	une employé**e**

Bei Personenbezeichnungen wird die feminine Form mit der Endung **-e** gekennzeichnet.

Besondere Endungen

maskulin		feminin	
-an	un pays**an**	**-anne**	une pays**anne**
-er	un boulang**er**	**-ère**	une boulang**ère**
-eur	un vend**eur**	**-euse**	une vend**euse**
	un pécheur	**Aber:**	une pécheresse
-ien	un informatic**ien**	**-ienne**	une informatic**ienne**
-in	un vois**in**	**-ine**	une vois**ine**
	un copain	**Aber:**	une copine
-on	un champi**on**	**-onne**	une champi**onne**
-teur	un direc**teur**	**-trice**	une direc**trice**

Manche Substantive haben identische maskuline und feminine Formen. Das Geschlecht ist dann nur am Artikel zu erkennen: **un / une** élève, **un / une** enfant, **un / une** secrétaire.

Einige Berufsbezeichnungen haben keine feminine Form:
un professeur, **un** médecin, **un** écrivain.

Besondere Fälle: un homme / une femme, un garçon / une fille, un frère / une sœur

Geschlecht bei Gegenständen

Der Artikel sollte immer mitgelernt werden, da man in der Regel am Artikel erkennen kann, ob ein Substantiv maskulin oder feminin ist: **la** place – *der Platz,* **le** chocolat – *die Schokolade,* **la** bière – *das Bier*

Maskulin sind:

- Wochentage: **le** samedi, **le** dimanche
- Jahreszeiten: **l'**été, **le** printemps
- Himmelsrichtungen: **le** nord, **l'**ouest
- Sprachen: **le** portugais, **le** hollandais
- Bäume: **le** sapin – *Tanne,* **le** chêne – *Eiche*
- Metalle: **l'**or – *Gold,* **le** fer – *Eisen*
- Verkehrsmittel: **l'**avion, **le** train
  Aber: la voiture, la moto

Substantive mit den folgenden Endungen sind maskulin:

-al: **le** journ**al**, **le** sign**al**
-et: **le** bill**et**, **le** tick**et**
-ail: **le** trav**ail**, **le** r**ail** – *Eisenbahnschiene*
-ier: **le** mét**ier**, **le** cah**ier**
-ment: **le** manage**ment**, **le** gouverne**ment**

Feminin sind in der Regel:

- Länder: **la** France **aber:** le Luxembourg, le Canada
- Flüsse: **la** Garonne **aber:** le Rhône, le Rhin
- Wissenschaften: **la** géographie **aber:** le droit
- Autonamen: **la** Renault Mégane

Substantive mit den folgenden Endungen sind feminin:

-ance: **la** confi**ance**, **la** fin**ance**
-ence: **la** différ**ence**, **la** référ**ence**
-ette: **la** disqu**ette**, **la** bagu**ette**
-sion: **la** télévi**sion**, **la** mis**sion**
-tion: **la** traduc**tion**, **la** sensa**tion**

Plural der Substantive

Regelmäßige Pluralbildung

Der Plural wird durch ein **-s** am Ende des Substantivs gekennzeichnet:
le livre – les livre**s**, la page – les page**s**.

Wie im Deutschen gibt es Substantive, die keine Singular-, sondern nur eine Pluralform haben:
les gens, **les** archives, **les** toilettes.

Substantive, die im Singular auf **-s**, **-x**, **-z** enden, bleiben in der Pluralform identisch:
le ca**s** – les ca**s**, le pri**x** – les pri**x**, le ga**z** – les ga**z**.

Unregelmäßige Pluralbildung

Singular		Plural	
-al	le journ**al**	**-aux**	les journ**aux**
	le bal	Aber:	les bal**s**
-ail	le trav**ail**	**-aux**	les trav**aux**
	le détail	Aber:	les détail**s**
-eau	le gât**eau**	**-eaux**	les gât**eaux**
-eu	le **jeu**	**-eux**	les **jeux**
	le pneu	Aber:	les pneu**s**
-ou	le caill**ou**	**-oux**	les caill**oux***
	le c**ou**	Aber:	les cou**s**

* Nur sieben Substantive, die im Singular auf ***-ou*** enden, bilden den Plural auf **-oux:** bijou/-x, chou/-x, hibou/-x, caillou/-x, genou/-x, joujou/-x, pou/-x.

Achtung!
l'œil – les yeux, Madame – Mesdames, Monsieur – Messieurs

Nominativ / Akkusativ / Genitiv / Dativ

Anders als im Deutschen werden die Substantive im Französischen nicht dekliniert. Nominativ (*wer?* oder *was?*) und Akkusativ (*wen?* oder *was?*) lassen sich an der Stellung im Satz erkennen. Der Genitiv (*wessen?*) wird mit **de** eingeführt, der Dativ (*wem?*) mit **à**.

Nominativ	**La voiture** est puissante.
Akkusativ	Elle adore **cette voiture**.
Genitiv	C'est la voiture **de Céline**.
Dativ	Il offre la voiture **à sa femme**.

Wann ein direktes Objekt (Akkusativobjekt) und wann ein indirektes Objekt (Genitiv- / Dativobjekt) gebraucht wird, hängt vom verwendeten Verb ab:

- direktes Objekt – nach Verben wie **aider**, **écouter**, **remercier**, **croire**, **suivre**:
  Elle aide **les touristes** à trouver la cathédrale.
  – Sie hilft den Touristen, die Kathedrale zu finden.
- indirektes Objekt mit **à** – nach Verben wie **demander**, **parler**, **penser**, **téléphoner**, **répondre**, **s'intéresser**, **réfléchir**:
  Je téléphone **à ma mère**. – *Ich telefoniere mit meiner Mutter.*
- indirektes Objekt mit **de** – nach Verben wie **rêver**, **s'apercevoir**, **s'occuper**, **se souvenir**:
  Je ne me souviens plus **de son nom**.
  – Ich erinnere mich nicht mehr an seinen Namen.

Adjektiv

Das Adjektiv richtet sich in Geschlecht und Zahl nach dem Substantiv, auf das es sich bezieht.

Adjektiv im Singular

Die feminine Form des Adjektivs wird gebildet, indem man an die maskuline Form ein **-e** anhängt:

maskulin	feminin
le grand jardin	la grand**e** maison

Anders als im Deutschen richtet sich das Adjektiv auch dann nach dem Substantiv, auf das es sich bezieht, wenn es von ihm getrennt ist:
une femme élégant**e** – *eine elegante Frau*
la femme est élégant**e** – *die Frau ist elegant*

Wenn die maskuline Form bereits auf **-e** endet, bleibt die feminine Form unverändert:
Il est malad**e**. – Elle est malad**e**.

Einige wenige Adjektive (**bon marché**, **chic**, **super**, **orange**, **citron**) bleiben unverändert:
une robe **super**, **chic** et **bon marché**.

Einige besondere Femininformen

maskulin		feminin	
-f	sporti**f**	**-ve**	sporti**ve**
-el	ponctu**el**	**-elle**	ponctu**elle**
-en	europé**en**	**-enne**	europé**enne**
-er	ch**er**	**-ère**	ch**ère**
-on	b**on**	**-onne**	b**onne**
-os	gr**os**	**-osse**	gr**osse**
-eux	séri**eux**	**-euse**	séri**euse**
-teur	men**teur**	**-teuse**	men**teuse**

Ausnahmen: beau / belle, nouveau / nouvelle, vieux / vieille, faux / fausse, doux / douce, jaloux / jalouse, blanc / blanche, frais / fraîche, fou / folle, long / longue

Beau, **nouveau**, **vieux** werden vor maskulinen Substantiven, die mit Vokal oder „stummem h" beginnen, zu **bel**, **nouvel**, **vieil**: un vieil ami.

Adjektiv im Plural

Der Plural wird durch ein **-s** gekennzeichnet:

maskulin	feminin
les grand**s** jardins	les grande**s** maisons

Achtung!
Adjektive mit der maskulinen Endung **-eau** enden im Plural auf **-eaux**, solche mit **-al** auf **-aux**:
Tristan est b**eau.** Tristan et Sébastien sont b**eaux.**
Le document origin**al.** Les documents origin**aux.**
Aber: L'accident ban**al.** Les accidents ban**als.**
(Ebenso: fatal / fatals, naval / navals.)

Wenn sich das Adjektiv auf mehrere Substantive unterschiedlichen Geschlechts bezieht, nimmt es die maskuline Pluralform an:
Pierre est charmant. Pierre et Marie sont charmant**s.**

Stellung des Adjektivs

Anders als im Deutschen stehen die Adjektive (vor allem die mehrsilbigen) meist hinter dem Substantiv:
un restaurant **italien**, une idée **originale**

Kurze und häufig gebrauchte Adjektive (**beau**, **joli**, **jeune**, **vieux**, **grand**, **gros**, **petit**, **mauvais**) stehen vor dem Substantiv:
un **beau** cadeau, une **petite** entreprise

Bei einigen Adjektiven ändert sich die Bedeutung je nachdem, ob sie vor oder hinter dem Substantiv stehen:
un **pauvre** homme – *ein bedauernswerter Mann*
un homme **pauvre** – *ein armer Mann*

Steigerung des Adjektivs

Komparativ

+	**plus**	+ Adjektiv + **que**
=	**aussi**	+ Adjektiv + **que**
–	**moins**	+ Adjektiv + **que**

Il est **plus** grand **que** moi. – *Er ist größer als ich.*
Il est **aussi** grand **que** moi. – *Er ist genauso groß wie ich.*
Il est **moins** grand **que** moi. – *Er ist kleiner als ich.*

Superlativ

+	**le / la / les plus**	+ Adjektiv (+ **de**)
–	**le / la / les moins**	+ Adjektiv (+ **de**)

Il est **le plus** grand (**de** la classe).
– *Er ist der Größte (der Klasse).*
Elle est **la moins** grande (**du** cours).
– *Sie ist die Kleinste (des Kurses).*

Unregelmäßige Steigerungsformen

bon, bonne *(gut)*	meilleur, -e *(besser)*	le / la meilleur, -e *(der / die / das beste)*

Elle est **meilleure** que moi en français, mais elle est **moins bonne** que nous en anglais. C'est pourtant **la meilleure** élève de la classe.

mauvais, -e *(schlecht)*	pire *(schlechter)*	le / la pire *(der / die / das schlechteste)*

Mes notes en géo sont **mauvaises**, mais celles en physique sont **pires**. **Le pire**, c'est en maths.

Adverb

Abgeleitete Adverbien

Wie im Deutschen sind die französischen Adverbien **unveränderlich.**

Viele französische Adverbien leiten sich von Adjektiven ab. In der Regel werden sie aus der femininen Form des Adjektivs gebildet, indem man die Endung **-ment** anhängt:

lent	lent**e**	lent**ement**	*langsam*
furieux	furieu**se**	furieu**sement**	*wütend*
aimable	aimabl**e**	aimabl**ement**	*freundlich*
régulier	réguli**ère**	réguli**èrement**	*regelmäßig*

Aber: gentil, gentille – gentiment; précis, précise – précisément; bref, brève – brièvement; bon, bonne – bien; meilleur, meilleure – mieux; mauvais, mauvaise – mal.

Wenn das Adjektiv auf einem **hörbaren Vokal** (aber nicht auf *-e*) endet, wird **-ment** an die maskuline Form angehängt:

vra**i**	vrai**ment**	*wirklich*
absol**u**	absolu**ment**	*wirklich*
modér**é**	modéré**ment**	*gemäßigt*

Aber:

gai, gai**e**	gai**ement**
nouveau, nouv**elle**	nouv**ellement**
fou, fo**lle**	fo**llement**

Adjektive auf **-ant** oder **-ent** bilden die Adverbialendung auf **-amment** bzw. **-emment**.

suffis**ant**	suffis**amment**	*genügend*
réc**ent**	réc**emment***	*kürzlich*

♪ * Die Aussprache lautet „a-ment".

Zeit- und Ortsadverbien

- Adverbien der bestimmten Zeit: **hier**, **aujourd'hui**, **demain**:
  Hier, il faisait chaud.
  Aujourd'hui, je vais à la plage.
  Demain, vous pouvez me réveiller à 6 heures ?

- Adverbien der unbestimmten Zeit: **souvent**, **(ne) ... jamais**, **bientôt**, **quelquefois**, **de temps en temps** *(ab und zu)*, **toujours**, **rarement**:
  Ils prennent **de temps en temps** l'avion.
  Ils **ne** sont **jamais** allés en Espagne.
- Adverbien des Ortes: **ailleurs**, **ici**, **là**, **dedans**, **dehors**, **là-bas**, **partout**:
  Ici ou **ailleurs**, elle se sent bien **partout**.
  Il n'est ni **dedans**, ni **dehors**, mais où est-il ?

Stellung des Adverbs

Die Adverbien der bestimmten Zeit und des Ortes stehen am Satzanfang oder am Satzende:
Demain, on part au ski.
Oder: On part au ski **demain**.

Die meisten anderen Adverbien stehen direkt hinter dem konjugierten Verb:
Mon père est **rarement** de bonne humeur.
Enfant, je suis **souvent** venue ici.

Tôt, **tard** und **ensemble** stehen bei zusammengesetzten Zeiten immer hinter dem Participe passé, bei Infinitivkonstruktionen hinter dem Infinitiv:
Nous sommes arrivés **tard** dans la soirée.
On peut partir **ensemble** si vous voulez.

Steigerung des Adverbs

Komparativ

+	**plus** + Adjektiv + **que**
=	**aussi** + Adjektiv + **que**
–	**moins** + Adjektiv + **que**

Il mange **plus** vite **que** moi. – *Er isst schneller als ich.*
Il mange **aussi** vite **que** moi. – *Er isst genauso schnell wie ich.*
Il mange **moins** vite **que** moi. – *Er isst langsamer als ich.*

Superlativ

+	**le / la / les plus**	+ Adjektiv (+ **de**)
–	**le / la / les moins**	+ Adjektiv (+ **de**)

Il mange **le plus** vite (**de** tous). – *Er isst (von allen) am schnellsten.*
Il mange **le moins** vite (**de** tous). – *Er isst (von allen) am langsamsten.*

Unregelmäßige Steigerungsformen

bien *(gut)* – mieux *(besser)* – le mieux *(am besten)*
beaucoup *(viel)* – plus *(mehr)* – le plus *(am meisten)*
peu *(wenig)* – moins *(weniger)* – le moins *(am wenigsten)*

Adjektiv oder Adverb?

- rapide ≠ vite (= rapidement)
  Sa voiture est **rapide**. Il conduit **vite**.
- bon ≠ bien
  Je suis un **bon** cuisinier. Je cuisine **bien**.
  Achtung! C'est bon. (nur als Ausdruck des Wohlgeschmacks) ≠ C'est bien.
  C'est bon, les crêpes ! **C'est bien**, la montagne !
- beaucoup ≠ très
  Das Adverb *beaucoup* steht hinter dem Verb:
  Marc travaille **beaucoup**.
  Das Adverb **très** steht vor dem Adjektiv oder vor einem anderen Adverb:
  Il est **très** travailleur. Il travaille **très** souvent.

Achtung! beaucoup und **très** können nicht gemeinsam benutzt werden: Nous voyageons **beaucoup**. – *Wir reisen viel / sehr viel.*

Pronomen

Personalpronomen

Verbundene (unbetonte) Personalpronomen

Singular		Plural	
je / j'	*ich*	**nous**	*wir*
tu	*du*	**vous**	*ihr / Sie*
il	*er / es*	**ils** *(maskulin)*	*sie*
elle	*sie / es*	**elles** *(feminin)*	*sie*
on	*man / wir*		

Das Personalpronomen **on** kann häufig mit *man* wiedergegeben werden:
On parle allemand ici. – *Hier spricht man Deutsch.*
On wird in der gesprochenen Sprache meist jedoch in der Bedeutung von **nous** verwendet:
On va au café ? – *Gehen wir ins Café?*

Wenn man mehrere Personen duzt, benutzt man **vous** in der Bedeutung von *ihr*:
Vous venez, les enfants ? *Kommt ihr, Kinder?*
Um eine oder mehrere Personen zu siezen, steht *vous* in der Bedeutung von „Sie". Diese Höflichkeitsform wird im Französischen nicht großgeschrieben:
Vous êtes Suisse, Madame Gruber ? *Sind Sie Schweizerin Frau Gruber?*
Si **vous** voulez bien entrer, messieurs dames…

Elles bezieht sich auf ein feminines Substantiv im Plural.
Ils verweist auf ein maskulines Substantiv im Plural oder auf Substantive verschiedenen Geschlechts:
Catherine Deneuve et Isabelle Huppert sont connues. **Elles** ont joué dans le film «8 femmes».
M. Denom et son fils sont allés au Maroc. **Ils** sont revenus tout bronzés.
Cédric et Julie sortent ce soir. **Ils** vont à l'opéra.

Unverbundene (betonte) Personalpronomen

Singular		Plural	
moi	*ich*	**nous**	*wir*
toi	*du*	**vous**	*ihr/Sie*
lui	*er/es*	**eux** *(maskulin)*	*sie*
elle	*sie/es*	**elles** *(feminin)*	*sie*

Die unverbundenen Personalpronomen werden verwendet:

- zur Hervorhebung eines Subjekts:
  – **Moi**, je suis architecte. – Et **vous**, vous travaillez ?
- nach einer Präposition (**avec**, **sans**, **à côté de**, **pour**, **chez**, **contre**...):
  Surtout ne te gêne pas, fais comme chez **toi** !
- im Satz ohne Verb:
  – Qui apprend le français ? – **Eux** ! Pas **nous** !
- nach **c'est** und **ce sont**:
  L'Etat, c'est **moi** !
  Ce sont **eux**, les responsables.
- in Verbindung mit **et** und **ou**:
  Qui conduit ce soir ? Patrick ou **toi** ?
- beim bejahten Imperativ:
  Donne-**moi** ton adresse.
  (*Aber:* Ne **me** donne pas ton adresse.)

Objektpronomen

Direkte Objektpronomen

Singular		Plural	
me / m'	*mich*	**nous**	*uns*
te / t'	*dich*	**vous**	*euch/Sie*
le / l'	*ihn/es*	**les**	*sie*
la / l'	*sie/es*		

Die direkten Objektpronomen ersetzen Akkusativobjekte und stimmen in Geschlecht und Zahl mit diesen überein:

– Vous avez ouvert **la fenêtre** ? – Oui, je **l'**ai ouvert**e**.
– Il a fermé **les volets** ? – Oui, il **les** a fermé**s**.
– Tu as oublié **tes clefs** ? – Oui, je **les** ai oublié**es**.

Stellung der direkten Objektpronomen

Die direkten Objektpronomen stehen vor dem konjugierten Verb bzw. Hilfsverb:
Je regarde **les enfants** jouer dehors. Je **les** observe.
– Tu as invité **les voisins** ? – Oui, je **les** ai invité**s**.

Wenn das Verb einen Infinitiv nach sich zieht, stehen die direkten Objektpronomen vor dem Infinitiv:
Il voudrait **la** montrer à sa femme avant de **l'**acheter.

Indirekte Objektpronomen

Singular		Plural	
me / m'	*mir*	**nous**	*uns*
te / t'	*dir*	**vous**	*euch / Ihnen*
lui	*ihm / ihr*	**leur**	*ihnen*

Die indirekten Objektpronomen ersetzen Dativobjekte und stimmen in der Zahl mit diesen überein. Zwischen männlich und weiblich wird nicht unterschieden.
– Tu écris souvent **à tes correspondants** ?
– Oui, je **leur** écris assez souvent.

Stellung der indirekten Objektpronomen

Die indirekten Objektpronomen stehen vor dem konjugierten Verb bzw. Hilfsverb:
Il adore Paris. La capitale **lui** plaît énormément.
– Tu as répondu **à ton correspondant** ?
– Oui, je **lui** ai répondu.

Wenn das Verb einen Infinitiv nach sich zieht, stehen die indirekten Objektpronomen vor dem Infinitiv:
Il voudrait **lui** montrer cette bague.

Reflexivpronomen

Je	**me***	couche de bonne heure.
Tu	**te***	maquilles pour sortir ?
Il/Elle/On	**se***	souvient de lui.
Nous	**nous**	marions à l'église.
Vous	**vous**	levez à quelle heure ?
Ils/Elles	**se***	disputent souvent.

* ***me***, ***te***, ***se*** werden vor Vokal oder „stummem h" zu ***m'***, ***t'***, ***s'***:
Il **s'**occupe comme il peut. Elles **s'**habillent bien.

Bei Verneinung steht **ne** vor dem Pronomen und **pas** nach dem Verb: Il **ne** se douche **pas** tous les jours.

Die Adverbialpronomen en und y

Das Adverbialpronomen *en*

Das Pronomen **en** vertritt:

- bestimmte Mengen:
  – Vous avez **des enfants** ? – Oui, j'**en** ai **trois**.
- unbestimmte Mengen, ausgedrückt durch:
  - ▶ Teilungsartikel + Substantiv:
    – Vous buvez **du vin** ? – Oui, j'**en** bois.
  - ▶ Mengenangabe + Substantiv:
    – Il y a **assez de pain** pour ce soir ?
    – Oui, il y **en** a **assez**.
- Ergänzungen mit **de**:
  – Elle parle **de son travail** ? – Elle **en** parle parfois.

Zur Stellung von **en**: vgl. Stellung der Objektpronomen.

Das Adverbialpronomen *y*

Das Pronomen **y** vertritt:

- Ortsbestimmungen, die durch Präpositionen wie **à**, **dans**, **en**, **chez**, **sur** und **sous** eingeleitet werden:
  – Le beurre n'est pas **dans le frigo**. – Mais si, il **y** est.
- Ergänzungen mit **à** + Sachsubstantiven:
  – J'**y** pense souvent. – À quoi ? – **À mon pays**.

Zur Stellung von **y**: vgl. Stellung der Objektpronomen.

Stellung der Pronomen im Satz

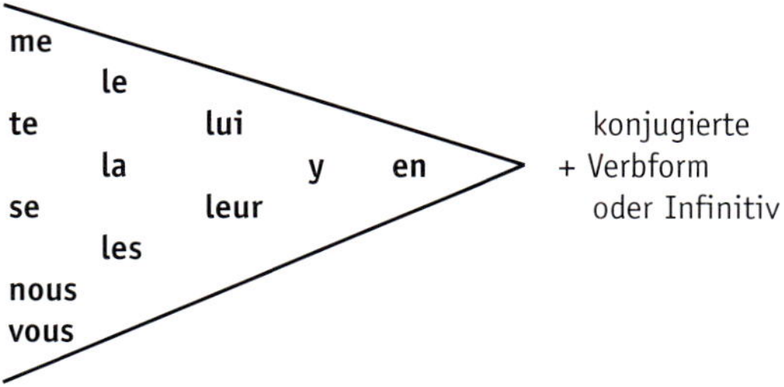

Es können bis zu zwei Pronomen vor dem konjugierten Verb oder Infinitiv stehen:
J'adore ton sac. Tu **me le** prêtes ?
– Il y a encore du café ? – Oui, il **y en** a encore.
– Vous avez les clés ? – Oui, je voulais **vous les** rendre.
– Vous leur avez envoyé les fleurs ? – On **les leur** a envoyées hier.

Demonstrativbegleiter und -pronomen

Demonstrativbegleiter

	Singular	Plural
maskulin	**ce*** livre	**ces** livres
	dieses Buch	*diese Bücher*
feminin	**cette** revue	**ces** revues
	diese Zeitschrift	*diese Zeitschriften*

* ***ce*** wird vor maskulinen Substantiven, die mit Vokal oder „stummem h" anfangen, zu ***cet***: cet‿hôtel.

Vous voyez **ces** tours là-bas ? C'est le quartier de la Défense.

Achtung! ce matin – *heute Morgen*, **cet** après-midi – *heute Nachmittag*, **ce** soir – *heute Abend*

Demonstrativpronomen

	Singular	Plural
maskulin	**celui**	**ceux**
feminin	**celle**	**celles**

Celui, **celle**, **ceux**, **celles** stehen an Stelle eines Substantivs. Sie haben immer eine der folgenden Ergänzungen:

- eine Präposition (**de**, **à**, **en**):
  J'adore les légumes, surtout **ceux de** mon jardin.
  – *Ich liebe Gemüse, vor allem dasjenige aus meinem Garten.*
- einen Relativsatz:
  Vous connaissez Mathieu ?
  C'est **celui qui** a raté son bac.
  – *Das ist derjenige, der durch das Abi gefallen ist.*

Possessivbegleiter und -pronomen

Possessivbegleiter

maskulin	feminin		Plural
mon	**ma***	*mein(e)*	**mes**
ton	**ta***	*dein(e)*	**tes**
son	**sa***	*sein(e)/ihr(e)*	**ses**
notre		*unser(e)*	**nos**
votre		*euer(e)/Ihr(e)*	**vos**
leur		*ihr(e)*	**leurs**

* ***ma***, ***ta***, ***sa*** werden vor femininen Substantiven, die mit Vokal oder „stummem h" anfangen, zu ***mon***, ***ton***, ***son***: **mon** amie, **ton** erreur, **son** hypothèse.

mon, ***ton***, ***son*** und ***ma***, ***ta***, ***sa*** richten sich ausschließlich nach dem Geschlecht des Substantivs, das sie begleiten:

son pied (m. Sg.) = *sein/ihr Fuß*

sa jambe (f. Sg.) = *sein/ihr Bein*

Ça ne me regarde pas ! C'est **sa** décision, c'est **son** avenir !
– *Das betrifft mich nicht! Das ist seine/ihre Entscheidung, es ist seine/ihre Zukunft!*

Possessivpronomen

Singular		Plural	
maskulin	feminin	maskulin	feminin
le mien	**la mienne**	**les miens**	**les miennes**
le tien	**la tienne**	**les tiens**	**les tiennes**
le sien	**la sienne**	**les siens**	**les siennes**
le nôtre	**la nôtre**	**les nôtres**	
le vôtre	**la vôtre**	**les vôtres**	
le leur	**la leur**	**les leurs**	

J'ai mes habitudes, et mon mari a **les siennes.**
– *Ich habe meine Gewohnheiten und mein Mann hat seine.*

Präpositionen

Präpositionen des Ortes

à + *Ort*	Je vais **au** bureau / **à la** fac.
à + *Städtenamen*	Elle travaille **à** Paris.
à + *maskuline Ländernamen mit Konsonant am Anfang / Ländernamen im Plural*	Il est **au** Japon. (le Japon) Elle est **aux** Etats-Unis.
en + *feminine Ländernamen / maskuline Ländernamen mit Vokal am Anfang / Kontinente*	Nous sommes **en** France. Je pars **en** Iran. (l'Iran, m.) Nous habitons **en** Europe.

Achtung!
Je surfe **sur** Internet. – *Ich surfe im Internet.*

Die Präpositionen **à**, **en**, **dans** und **chez** können sowohl einen Aufenthaltsort als auch einen Zielort bezeichnen:
Il habite **en** Angleterre. – *Er wohnt in England.*
Il va **en** Belgique. – *Er fährt nach Belgien.*
Je reste **chez** Wolfgang. – *Ich bleibe bei Wolfgang.*
Tu vas **chez** Kylian ? – *Fährst du zu Kylian?*

Präpositionen der Zeit

en + *Monatsnamen*	Je suis née **en** mai.	**Aber:** Je suis née **au mois de** mai.
en + *Jahreszeiten mit Vokal am Anfang*	Nous sommes **en** été.	**Aber:** Nous sommes **au** printemps.
en + *Jahr*	On est **en** 2003.	**Aber:** On est **au** XXIème siècle.

Verb

Wie im Deutschen gibt es im Französischen Hilfsverben (*avoir* und *être*) und Vollverben.

Voll- und Modalverben

Nicht alle Verben weisen die gleiche Informationsdichte auf. Die so genannten Vollverben werden Ihnen inhaltlich viel mehr mitteilen als Hilfs- oder Modalverben.

Unter den Vollverben kann man folgende Arten unterscheiden:

Die transitiven Verben

Sie haben ein direktes Objekt, das Sie mit der Frage *wen* oder *was*? leicht ausfindig machen können.

Nous **aimons** la France.	Wir lieben Frankreich.
Il **vend** des fleurs.	Er verkauft Blumen.
Je **lis** un livre.	Ich lese ein Buch.

Die intransitiven Verben

Sie haben entweder kein oder aber ein indirektes Objekt. Mit der Frage *wem* oder *was* können Sie überprüfen, ob ein indirektes Objekt angeschlossen ist.

Cette couleur te **va** bien !	Diese Farbe steht dir gut!
On **va** au concert ?	Gehen wir ins Konzert?
Ils **mangent** dehors.	Sie essen draußen.

Die reflexiven Verben

Bei den reflexiven Verben (auch rückbezügliche Verben genannt) bezieht sich die Handlung auf das Subjekt.

Asseyez-vous !	Setzen Sie sich!
Je me **lave**.	Ich wasche mich.

Die unpersönlichen Verben

Unpersönliche Verben werden mit dem unpersönlichen Subjekt **il** gebildet:

- **Il faut** + Infinitiv:
  Il faut acheter une imprimante.
  – *Man muss einen Drucker kaufen.*

- **Il faut que** + Subjonctif:
  Il faut qu'il vienne à la réunion.
  – *Er muss zur Versammlung kommen.*
- **Il faut** + Substantiv:
  Il faut une imprimante. – *Man braucht einen Drucker.*
- **Il y a** + Substantiv:
  Il y a un bon restaurant là-bas.
  – *Es gibt dort ein gutes Restaurant.*
- **Il y a ... que / Ça fait ... que** + Zeitbestimmung:
  Il y a / Ça fait trois jours **qu'**ils sont rentrés.
  – *Sie sind seit drei Tagen zurück.*

Auch Redewendungen über das Wetter werden mit dem unpersönlichen Subjekt ***il*** gebildet:

- **Il fait** + Adjektiv:
  Il fait froid. – *Es ist kalt.*
- **Il y a** + Substantiv:
  Il y a du soleil. – *Die Sonne scheint. / Es ist sonnig.*
- **Il** + Verb:
  Il pleut. – *Es regnet.*

Il **fait** un temps magnifique ! – *Es ist wunderschönes Wetter!*
Il a **plu**. – *Es hat geregnet.*

Die Modalverben

Die Modalverben werden ohne Präposition mit dem Infinitiv anderer Verben verbunden. Modalverben sind z. B.: **pouvoir**, **vouloir**, **devoir**, **savoir**

Pouvez-vous m'aider ?	Können Sie mir helfen?
Je **dois** travailler.	Ich muss arbeiten.
Vous **devriez** dormir.	Sie sollten schlafen.
Savez-vous jouer du piano ?	Können Sie Klavier spielen?
Veut-elle prendre le train ?	Will sie den Zug nehmen?

Hilfsverben *avoir* und *être*

Die Hilfsverben *avoir* und *être* dienen zur Bildung der zusammengesetzten Zeiten (Passé composé, Plus-que-parfait, Futur antérieur, Conditionnel passé).

avoir

Présent		Futur simple	
j'	ai	j'	aurai
tu	as	tu	auras
il	a	il	aura
nous	avons	nous	aurons
vous	avez	vous	aurez
ils	ont	ils	auront

Imparfait		Conditionnel présent	
j'	avais	j'	aurais
tu	avais	tu	aurais
il	avait	il	aurait
nous	avions	nous	aurions
vous	aviez	vous	auriez
ils	avaient	ils	auraient

être

Présent		Futur simple	
je	suis	je	serai
tu	es	tu	seras
il	est	il	sera
nous	sommes	nous	serons
vous	êtes	vous	serez
ils	sont	ils	seront

Imparfait		Conditionnel présent	
j'	étais	je	serais
tu	étais	tu	serais
il	était	il	serait
nous	étions	nous	serions
vous	étiez	vous	seriez
ils	étaient	ils	seraient

Présent

Regelmäßige Verben auf-*er*

Verbstamm* + -e, -es, -e, -ons, -ez, -ent
parl-er → je **parl-e**

* Verbstamm = Infinitiv des Verbs ohne die Endung

parler	
je parl**e**	nous parl**ons**
tu parl**es**	vous parl**ez**
il parl**e**	ils parl**ent**

Wenn der Verbstamm auf ***-g*** oder ***-c*** endet, werden diese vor ***-o-*** oder ***-a-*** zu ***-ge-*** oder ***-ç-***:
voya**g**er – nous voya**ge**ons
commen**c**er – nous commen**ç**ons

Ausnahmen im Verbstamm:

Infinitiv	nous / vous – regelmäßig	je / tu / il(s) – unregelmäßig	
ach**e**ter	nous ach**e**tons	tu ach**è**tes	**e → è***
préf**é**rer	vous préf**é**rez	je préf**è**re	**é → è***
je**t**er	nous je**t**ons	ils je**tt**ent	**t → tt***
appe**l**er	vous appe**l**ez	tu appe**ll**es	**l → ll***
env**oyer**	nous envo**y**ons	j'envo**i**e	**y → i***
ess**uyer**	nous essu**y**ons	j'essu**i**e	**y → i***
ess**ayer**	vous essa**y**ez	il essa**y**e / il essa**i**e	**y → y / i**

* vor Endung mit „stummem -e"

Verben auf *-ir*

- mit Stammerweiterung

finir, choisir			
je	fin**is**	nous	fin**issons**
tu	fin**is**	vous	fin**issez**
il	fin**it**	ils	fin**issent**

- ohne Stammerweiterung

partir, sortir			
je	par**s**	nous	part**ons**
tu	par**s**	vous	part**ez**
il	par**t**	ils	part**ent**

Verben auf *-re*

rendre		lire	
je	rend**s**	je	li**s**
tu	rend**s**	tu	li**s**
il	rend	il	li**t**
nous	rend**ons**	nous	lis**ons**
vous	rend**ez**	vous	lis**ez**
ils	rend**ent**	ils	lis**ent**

Der Großteil der Verben auf ***-re*** wird unregelmäßig konjugiert.
mettre: je **mets**, il **met**, nous mettons
connaître: je connais, il connaît, nous **connaissons**

Achtung!
aller: je vais, tu vas, il va, nous **allons**, vous **allez**, ils vont
faire: je **fais**, tu **fais**, il **fait**, nous faisons, vous faites, ils font

Das Présent wird wie das Präsens im Deutschen gebraucht.

Beispielkonjungationen für Verben auf **-er**, **-ir** und **-re**, finden Sie hinten im Buch.

Passé (Vergangenheit)

Imparfait

Stamm der 1. Person Plural Présent + -ais, -ais, -ait, -ions, -iez, -aient
nous **visit**-ons → je **visit-ais**

visiter

je	visit**ais**	nous	visit**ions**
tu	visit**ais**	vous	visit**iez**
il	visit**ait**	ils	visit**aient**

aller: j'**allais**; faire: je **faisais**

Gebrauch: siehe „Imparfait oder Passé composé?"

Passé composé

Présent des Hilfsverbs *avoir* bzw. *être* + Participe passé
j'ai → j'**ai chanté**   je **suis** → je **suis venu(e)**

Regelmäßige Formen des **Participe passé:**
-er → **-é** chanter → chant**é**:
Ils ont chanté fort et mal.
-ir → **-i** finir → fin**i**:
Elle a presque fini de manger.
-dre → **-u** attendre → attend**u**:
J'ai attendu toute la nuit.

Unregelmäßige Formen des Participe passé:
avoir: eu; être: été; **vouloir**: voulu; **pouvoir**: pu; **savoir**: su; **devoir**: dû; **connaître**: connu; **venir**: venu; **mettre**: mis; **prendre**: pris; **faire**: fait

Passé composé mit *avoir*

Bei den meisten Verben wird das Passé composé mit **avoir** gebildet, auch bei den Verben **avoir** und **être** selbst. Anders als im Deutschen bilden Verben der Bewegungsart (**courir**, **marcher**, **nager**, **voyager**) das Passé composé mit **avoir**.

chanter

j'	**ai**	**chanté**	nous	**avons**	**chanté**
tu	**as**	**chanté**	vous	**avez**	**chanté**
il	**a**	**chanté**	ils	**ont**	**chanté**

avoir: j'**ai eu**; être: j'**ai été**; faire: j'**ai fait**; devoir: j'**ai dû**

Bei der Bildung des Passé composé mit ***avoir*** bleibt das Participe passé in der Regel unverändert:
Ils **ont terminé** leur exercice en deux minutes.

Wenn dem Passé composé ein direktes Objekt vorausgeht, wird das Participe passé in Geschlecht und Zahl dem direkten Objekt angeglichen:
– Tu as invité **Louise** ? – Oui, je **l**'ai invité**e**.

Passé composé mit *être*

Verben der Bewegungsrichtung oder des Verweilens *(aller, arriver, venir, entrer, monter, rester, descendre, sortir, partir)* bilden das Passé composé mit **être**:

arriver

je	**suis**	**arrivé(e)**	nous	**sommes**	**arrivé(e)s**
tu	**es**	**arrivé(e)**	vous	**êtes**	**arrivé(e)s**
il	**est**	**arrivé**	ils	**sont**	**arrivés**
elle	**est**	**arrivée**	elles	**sont**	**arrivées**

aller: je **suis allé(e)**; sortir: je **suis sorti(e)**

Das Participe passé mit **être** wird in Geschlecht und Zahl dem Subjekt des Satzes angeglichen:
Ils **sont partis** en même temps que nous.

Manche Verben der Bewegungsrichtung werden je nach Bedeutung mit **avoir** oder **être** gebraucht:

mit direktem Objekt → avoir	ohne direktes Objekt → être
Elle **a** sorti la poubelle. *Sie hat den Mülleimer rausgebracht.*	Elle **est** sortie dehors. *Sie ist hinausgegangen.*
Il **a** passé son examen. *Er hat seine Prüfung bestanden.*	Il **est** passé devant moi. *Er ist an mir vorbeigegangen.*

Das Passé composé **reflexiver Verben** bildet man im Unterschied zum Deutschen mit **être**:
Je **me suis levée** avant que mon réveil ne sonne.
Ich bin aufgestanden, bevor meine Wecker geklingelt hat.

Imparfait oder Passé composé?

Das **Imparfait** steht bei Situationsbeschreibungen oder bei der Schilderung von Gewohnheiten in der Vergangenheit:
Il **faisait** beau, les oiseaux **chantaient** et elle **riait**.
Pendant les vacances, je **me levais** à midi, je **buvais** un café et sans plus attendre, je **partais** à la plage.

Das **Passé composé** beschreibt punktuelle, abgeschlossene Ereignisse, die zu einem bestimmten Zeitpunkt stattfanden:
Il **a neigé** la nuit dernière.
Lundi, il **a pris** sa voiture et il **est parti** en Auvergne.

Quand elle **est arrivée**, je **dormais** déjà.
Passé composé **Imparfait**

Plus-que-parfait

Imparfait von **avoir** oder **être** + Participe passé
j'**avais regardé** j'**étais venu(e)**

avoir: j'**avais eu**; être: j'**avais été**;
aller: j'**étais allé(e)**; faire: j'**avais fait**

Das Plus-que-parfait bezeichnet ein Geschehen, das zeitlich noch weiter zurückliegt als ein gerade beschriebenes Geschehen in der Vergangenheit:
Hier, je suis allé au commissariat parce qu'on m'**avait volé** ma voiture.
Gestern bin ich aufs Polizeirevier gegangen, weil man mir mein Auto gestohlen hat.

Passé simple

Das Passé simple wird meist in literarischen Texten (vorwiegend in der 3. Person Singular / Plural) verwendet. Es entspricht dem Passé composé.

entrer		choisir		rendre	
j'	entr**ai**	je	chois**is**	je	rend**is**
tu	entr**as**	tu	chois**is**	tu	rend**is**
il	entr**a**	il	chois**it**	il	rend**it**
nous	entr**âmes**	nous	chois**îmes**	nous	rend**îmes**
vous	entr**âtes**	vous	chois**îtes**	vous	rend**îtes**
ils	entr**èrent**	ils	chois**irent**	ils	rend**irent**

avoir: il eut, ils eurent; être: il fut, ils furent
aller: il alla, ils allèrent; faire: il fit, ils firent

Futur

Futur composé

Présent von *aller* + Infinitiv

je	**vais**	**faxer**	nous	**allons**	**enregistrer**
tu	**vas**	**imprimer**	vous	**allez**	**envoyer**
il	**va**	**sauvegarder**	ils	**vont**	**taper** la lettre

aller: je **vais aller**

Futur simple

1. Pers. Sg. Présent + -rai, -ras, -ra, -rons, -rez, -ront
je **mange** → je **mange-rai**

manger			
je	mange**rai**	nous	mange**rons**
tu	mange**ras**	vous	mange**rez**
il	mange**ra**	ils	mange**ront**

aller: j'irai; faire: je ferai; vouloir: je voudrai; devoir: je devrai

Bei den regelmäßigen Verben auf **-ir** und **-re** sowie bei den meisten unregelmäßigen Verben fügt man hingegen die Futurendungen an den Stamm des Infinitivs (= Infinitiv ohne *-r/-re)* an:
partir: je parti**rai**; attendre: j'attend**rai**; dire: je di**rai**

Futur composé oder Futur simple?

Das Futur composé drückt eher eine Absicht aus, das Futur simple eher eine Vorhersage. Das Futur composé wird in der gesprochenen Sprache bevorzugt:
On **va boire** un verre après le travail ?
- *Gehen wir nach der Arbeit etwas trinken?*
Quand tu **viendras** à Paris, on **visitera** la Tour Eiffel.
- *Wenn du nach Paris kommst, werden wir den Eifelturm besichtigen.*

Oft können jedoch beide Formen benutzt werden.

Futur antérieur

Futur simple der Hilfsverben *avoir* oder *être* + Participe passé
j'**aurai voyagé** je **serai parti(e)**

Quand il rentrera ce soir, je **serai parti** au cinéma. – *Wenn er heute Abend zurückkommen wird, werde ich ins Kino gegangen sein.*

Das Futur antérieur wird wie das Futur II im Deutschen gebraucht.

Conditionnel

Conditionnel présent

Ableitungen wie bei Futur simple + -rais, -rais, -rait, -rions, -riez, -raient (-r + Endungen des Imparfait)
je **joue** → je **joue-rais**

jouer		dire	
je	joue**rais**	je	di**rais**
tu	joue**rais**	tu	di**rais**
il	joue**rait**	il	di**rait**
nous	joue**rions**	nous	di**rions**
vous	joue**riez**	vous	di**riez**
ils	joue**raient**	ils	di**raient**

aller: j'irais; faire: je ferais; vouloir: je voudrais; devoir: je devrais

Im Conditionnel présent stehen:

- Wünsche: J'**aimerais** parler couramment l'italien.
- Höfliche Bitten: Je **pourrais** avoir une carafe d'eau ?
- Ratschläge: Tu **devrais** aller chez le coiffeur.
- Möglichkeiten: En cas de pluie, on **pourrait** se rejoindre au café.
- Nach **si**-Satz: siehe Konditionalsätze.

Conditionnel passé

Conditionnel présent der Hilfsverben *avoir* oder *être* + Participe passé
j'**aurais discuté** je **serais sorti(e)**

J'**aurais aimé** devenir astronaute.
– *Ich wäre gern Astronaut geworden.*

avoir: j'**aurais eu**; être: j'**aurais été**
aller: je **serais allé(e)**; faire: j'**aurais fait**

Im Conditionnel passé werden nicht erfüllbare Bedingungen (insbesondere in der Vergangenheit) ausgedrückt. Siehe auch Konditionalsätze.

Konditionalsätze

Die Erfüllung der Bedingung wird für **wahrscheinlich** oder **möglich** gehalten:

si-Satz	Hauptsatz
si + Présent	Présent Futur simple Impératif

Si tu **es** malade, j'**appelle** le médecin.
Si je **réussis** mon examen, je **partirai** en Afrique.
Si tu n'**aimes** pas, **dis**-le franchement.

Die Erfüllung der Bedingung wird für **unwahrscheinlich** oder **unmöglich** gehalten:

si-Satz	Hauptsatz
si + Imparfait	Conditionnel présent

Si j'**avais** un bateau, je **ferais** le tour du monde.
– *Wenn ich ein Schiff hätte, würde ich eine Weltreise machen.*

Irreale Konditionalsätze:
Bedingung kann nicht (mehr) erfüllt werden.

si-Satz	Hauptsatz
si + Plus-que-parfait	Conditionnel passé

Si j'**avais eu** le temps, je **serais** venu.
– *Wenn ich Zeit gehabt hätte, wäre ich gekommen.*

Anders als im Deutschen stehen im Nebensatz mit **si** nie Futur oder Conditionnel.

Participe présent

Stamm der 1. Person Plural Présent + -ant
nous **rest**-ons → **rest-ant**

avoir: ayant; être: étant; faire: faisant

Das Participe présent wird vor allem in offiziellen Dokumenten verwendet und ersetzt dann einen Relativsatz:
Les personnes **choisissant** (= qui choisissent) la randonnée ont rendez-vous à 9 heures.

– Die Personen, die sich für die Wanderung entschieden haben, treffen sich um 9 Uhr.

Gérondif

en + Participe présent
en prenant

Das Gérondif bringt die Gleichzeitigkeit zweier Vorgänge zum Ausdruck:
Elle regarde la télé **en mangeant**.
– Sie sieht beim Essen fern.

Impératif

1. Person Sg Présent → Du-Form des Impératif
1. und 2. Person Plural Présent → Plural-Form des Impératif

parler	choisir	prendre
parl**e**	chois**is**	prend**s**
sprich!	*wähl!*	*nimm!*
parl**ons**	chois**issons**	pren**ons**
sprechen wir!	*wählen wir!*	*nehmen wir!*
parl**ez**	chois**issez**	pren**ez**
sprecht!	*wählt!*	*nehmt!*
Sprechen Sie!	*Wählen Sie!*	*Nehmen Sie!*

avoir: aie, ayons, ayez; être: sois, soyons, soyez;
aller: va (*aber:* vas-y), **allons**, **allez**; faire: **fais**, faisons, faites

Der Gebrauch des Impératif entspricht dem des deutschen Imperativs.

Subjonctif

Subjonctif présent

Stamm der 3. Person Plural Présent + -e, -es, -e, -ions, -iez, -ent
ils **aim**-ent → **que** j'**aim-e**

faxer		rendre	
que je	fax**e**	que je	rend**e**
que tu	fax**es**	que tu	rend**es**
qu'il	fax**e**	qu'il	rend**e**
que nous	fax**ions**	que nous	rend**ions**
que vous	fax**iez**	que vous	rend**iez**
qu'ils	fax**ent**	qu'ils	rend**ent**

Aujourd'hui, il faut que nous **partions** à 17 heures.
– *Heute müssen wir um 17 Uhr gehen.*

avoir: que j'aie, que tu aies, qu'il ait, que nous ayons, que vous ayez, qu'ils aient
être: que je sois, que tu sois, qu'il soit, que nous soyons, que vous soyez, qu'ils soient
aller: que j'aille, que nous **allions**, que vous **alliez**
faire: que je fasse; pouvoir: que je puisse
prendre: que je prenne, que tu prennes, qu'il prenne, que nous prenions*, que vous preniez*, qu'ils prennent

* Wenn im Indicatif présent der Stamm der 1. und 2. Person Plural von dem der 3. Person Plural abweicht, bleibt dieser Unterschied im Subjonctif bestehen.

Subjonctif passé

Subjonctif présent der Hilfsverben *avoir* oder *être* + Participe passé

travailler		sortir	
que j'	**aie travaillé**	que je	**sois sorti(e)**
que tu	**aies travaillé**	que tu	**sois sorti(e)**
qu'il	**ait travaillé**	qu'il	**soit sorti**
		qu'elle	**soit sortie**
que nous	**ayons travaillé**	que nous	**soyons sorti(e)s**
que vous	**ayez travaillé**	que vous	**soyez sorti(e)s**
qu'ils	**aient travaillé**	qu'ils	**soient sortis**
		qu'elles	**soient sorties**

Je suis étonnée qu'il **ait trouvé** un emploi.
– *Ich bin erstaunt, dass er eine Stelle gefunden hat.*

avoir: que j'**aie eu**; être: que j'**aie été**
aller: que je **sois allé(e)**; faire: que j'**aie fait**

Gebrauch des Subjonctif

Der **Subjonctif** darf, was seine Funktion angeht, nicht mit dem deutschen Konjunktiv verwechselt werden, der vor allem zur Kennzeichnung der indirekten Rede dient. Der **Subjonctif** besitzt diese Funktion nicht.
Il dit qu'il **est** Français. *Er sagt, er sei Franzose.*

1. Der **Subjonctif** steht im Nebensatz, der durch **que** (*dass*) eingeleitet wird,

a) nach Verben des Wünschens, Verlangens, Wollens und Verbietens, z. B.

aimer que	*mögen, dass*
interdire que	*verbieten, dass*
vouloir que	*wollen, dass*

b) nach Verben des Vorschlagens, Zustimmens, Ablehnens, z. B.

accepter que	*akzeptieren, dass*
proposer que	*vorschlagen, dass*
refuser que	*ablehnen, dass*

c) nach Verben des subjektiven Empfindens, der wertenden Stellungnahme, z. B.

(ne pas) comprendre que	*(nicht) verstehen, dass*
avoir peur que	*Angst haben, dass*
regretter que	*bedauern, dass*

d) nach Ausdrücken mit **être** oder **trouver** + Adjektiv, die das subjektive Empfinden oder die wertende Stellungnahme zum Ausdruck bringen, z. B.

être heureux que	*glücklich sein, dass*
être surpris que	*überrascht sein, dass*
trouver bon que	*gut finden, dass*

e) nach unpersönlichen Verben und unpersönlichen Ausdrücken, z. B.

il faut que	*es ist nötig / man muss, dass*
il est normal que	*es ist normal, dass*
il vaut mieux que	*es ist besser, dass*
C`est dommage que	*es ist schade, dass*
C`est important que	*es ist wichtig, dass*
C`est chouette que	*es ist klasse, dass*

f) nach Ausdrücken und Verben des Meinens und Denkens, die verneint sind, z. B.

ne pas penser que	*nicht meinen, dass*
ne pas croire que	*nicht glauben, dass*

aber: in der bejahten Form: Indikativ
Je crois / pense qu'il **est** malade.

2. Der **Subjonctif** steht in einem Relativsatz, wenn etwas als wünschenswert oder hypothetisch erachtet wird, z. B.
Il cherche une maison qui **soit** bien située. (Wunsch)
aber: Il a une maison qui **est** bien située. (Tatsache)

3. Der **Subjonctif** steht nach einigen Konjunktionen, z. B.

à condition que	*unter der Bedingung, dass*
bien que	*obwohl, obgleich*
pour que	*damit*
jusqu'à ce que	*so lange, bis*
malgré que	*obwohl*
sans que	*ohne, dass*
pourvu que	*vorausgesetzt, dass*

Passiv und Konstruktionen mit *on*

Im Französischen wird das Passiv fast ausschließlich in der geschriebenen Sprache verwendet.

Subjekt + Zeitform von *être* + Participe passé (+ *par* + Substantiv)

En général, les lettres **sont tapées par** la secrétaire.
Kennedy **a été assassiné** en 1963.

Der Urheber der Handlung wird ggf. mit ***par*** angeschlossen. Nach **aimer**, **apprécier**, **connaître**, **respecter** steht jedoch **de**:
Ma voisine est aimée et connue **de** tous.

In der gesprochenen Sprache wird das Passiv häufig durch eine Umschreibung mit dem unpersönlichen ***on*** ersetzt, vergleichbar dem deutschen „man":
On **a construit** une autoroute juste à côté de chez moi.
– *Man hat/Es wurde eine Autobahn… gebaut.*
Ici, **on** mange bien. – *Hier isst man gut.*
On vous demande au téléphone. – *Sie werden am Telefon verlangt.*

Indirekte Rede

Zeitenfolge in der Gegenwart

direkte Rede	indirekte Rede
Il dit: «Je **pars**.» Présent →	Il dit qu'il **part**. Présent

Zeitenfolge in der Vergangenheit und im Futur

direkte Rede	indirekte Rede
Il a dit: «Je **pars** au Canada.» Présent →	Il a dit qu'il **partait** au Canada. Imparfait
Il disait: «Je **partais** au Canada.» Imparfait →	Il disait qu'il **partait** au Canada. Imparfait

Il a dit: «Je **suis parti** au Canada.» Passé composé →	Il a dit qu'il **était parti** au Canada. Plus-que-parfait
Il a dit: «J'**étais parti** au Canada.» Plus-que-parfait →	Il a dit qu'il **était parti** au Canada. Plus-que-parfait
Il disait: «Je **partirai** au Canada.» Futur simple →	Il disait qu'il **partirait** au Canada. Conditionnel présent
Il a dit: «Je **serai parti** au Canada.» Futur antérieur →	Il a dit qu'il **serait parti** au Canada. Conditionnel passé

Diese Zeitenverschiebung gilt auch in anderen Nebensätzen:
Je pense qu'on **va** visiter le Louvre. (Présent)
Je pensais qu'on **allait** visiter le Louvre. (Imparfait)

Verneinung

Verneintes Verb

Die Verneinung umschließt das konjugierte Verb:
Aujourd'hui, je **ne** travaille **pas**.
Ne touche **pas** à ça !

Ne wird vor Vokal oder „stummem h" zu **n'**:
Je **n'**habite **pas** ici.

Wenn **un / une / des** + Substantiv verneint wird, steht stattdessen **ne ... pas de**:
Il a un chien, mais sa sœur **n'**a **pas de** chien.

In der gesprochenen Sprache entfällt meist das ***ne***:
Je parle **pas** anglais.

ne … pas – *nicht*
ne … pas du tout – *überhaupt nicht*
ne … pas tellement – *nicht sehr*
ne … plus – *nicht mehr*
ne … jamais – *nie*
ne … que – *nur*
ne … rien / rien ne … – *nichts*
ne … personne / personne ne … – *niemand*
ne … aucun(e) / aucun(e) ne … – *keine / r*
ne … ni … ni … / ni … ni … ne … – *weder … noch*

Léa **ne** connaît **personne** ici. Elle **n'**a **aucune** amie.

Achtung!
– Je suis en vacances. – Moi aussi. *(Ich auch.)*
– Je ne suis pas d'ici. – Moi non plus. *(Ich auch nicht.)*

Verneintes Verb mit Pronomen

Die Verneinung umschließt das Pronomen und das konjugierte Verb bzw. Hilfsverb:
– Tu vois ces arbres ? – Non, je **ne** les vois **pas**.
– Tu lui as dit ? – Non, je **ne** lui ai **pas** dit.
Je **n'**y pense **jamais**. Je **n'**y ai **jamais** pensé.

Wenn das Verb einen Infinitiv nach sich zieht, steht das Pronomen außerhalb der Verneinung vor dem Infinitiv:
– Tu vas téléphoner à ta grand-mère ?
– Non, je **ne** vais **pas** lui téléphoner.
J'espère réussir mon examen. Qui **n'**espèrerait **pas** le réussir !

Verneintes Verb mit Infinitiv

Wenn die Verneinung sich auf den Infinitiv bezieht, stehen die beiden Teile der Verneinung **vor** dem Infinitiv:
Il est recommandé de **ne pas** fumer.

Satzarten

Aussagesatz

Im Mittelpunkt des Aussagesatzes stehen stets Subjekt und Verb, häufig gefolgt von direktem und / oder indirektem Objekt:

Subjekt + Verb + direktes Objekt + indirektes Objekt

J'achète un cadeau à mon ami.

Eine adverbiale Bestimmung zur Angabe von Zeit und Ort kann entweder am Anfang oder am Ende des Satzes stehen:

adverbiale Bestimmung • Subjekt + Verb + direktes Objekt + indirektes Objekt • adverbiale Bestimmung

Demain, **à Paris**, j'achèterai un cadeau à mon ami.
J'achèterai un cadeau à mon ami **demain à Paris**.

Fragesatz

Intonationsfrage

Subjekt + Verb … ?

Tu aimes la Provence ?

(Anheben der Stimme am Satzende)

In der gesprochenen Sprache ist auch die Nachstellung des Fragepronomens möglich:
Tu t'appelles **comment** ? Tu travailles **où** ?

Inversionsfrage

Verb + Subjekt … ?

Verb + Subjekt werden durch Bindestrich miteinander verbunden:
Pars-tu en Provence ?

Fragepronomen + Verb + Subjekt … ?

Comment / Quand / Pourquoi pars-tu en Provence ?
Où habite-t-elle* en Provence ?

* Wenn die Verbform auf ***-e*** oder ***-a*** endet, tritt bei ***il***, ***elle*** und ***on*** zwischen Verb und Subjektpronomen ein ***-t-***.

Est-ce que-Frage

Est-ce que + Subjekt + Verb … ?

Est-ce que tu aimes le rap ?

Fragepronomen + est-ce que + Subjekt + Verb … ?

Quand est-ce que tu viens chez nous ?
Où est-ce que vous habitez au Québec ?
Pourquoi est-ce qu'elles ont acheté le même pull ?

Frage mit *qui*

- Frage nach dem Subjekt:
  Qui habite ici ?
  Qui est-ce qui habite ici ? — *Wer wohnt hier?*
- Frage nach dem direkten Objekt (Person):
  Qui cherches-tu ?
  Qui est-ce que tu cherches ? — *Wen suchst du?*
- Frage nach dem indirekten Objekt (Person):
  À qui offres-tu ces fleurs ?
  À qui est-ce que tu offres ces fleurs ? — *Wem schenkst du diese Blumen?*

Die Frage mit *que / à quoi*

- Frage nach dem direkten Objekt (Gegenstand):
  Que cherches-tu ?
  Qu'est-ce que tu cherches ? — *Was suchst du?*
- Frage nach dem indirekten Objekt (Gegenstand):
  À quoi pense-t-il ?
  À quoi est-ce qu'il pense ? — *Woran denkt er?*

Relativsatz

Relativsatz mit *qui*

Anders als im Deutschen ist ***qui*** in Geschlecht und Zahl unveränderlich. Es ist immer Subjekt des Relativsatzes und bezieht sich auf:

- Personen:
  À Lyon, j'ai vu Mélya **qui** prenait des photos.

- Sachen:
  Je vais acheter ce vase **qui** me plaît énormément.

Auch in Relativsätzen steht das Verb direkt hinter dem Subjekt:
Elle a écrit à son fils **qui fait** des études à Bordeaux.
– *Sie hat ihrem Sohn geschrieben, der in Bordeaux studiert.*

Achtung!

C'est **moi** qui **suis** le plus musclé de nous deux.

C'est **toi** qui **as** fait cette délicieuse quiche lorraine ?

Relativsatz mit *que*

Que ist in Geschlecht und Zahl unveränderlich. Es ist direktes Objekt des Relativsatzes und bezieht sich auf:

- Personen:
  Dans l'immeuble, il y a un voisin **que** j'apprécie beaucoup.
- Sachen:
  Ils habitent dans le pays **qu'**ils ont choisi.*

* ***que*** wird zu ***qu'*** vor Vokal oder „stummem h".

Nach *que* folgt immer ein Subjekt.

Relativsatz mit *dont*

Das Relativpronomen **dont** steht für eine Ergänzung mit *de* im Relativsatz. **Dont** bezieht sich sowohl auf Personen als auch auf Sachen im Singular und Plural. Es ist unveränderlich:
C'est la copine **dont** je t'ai parlé.
– *Das ist die Freundin, von der ich dir erzählt habe.*
Mes parents m'ont offert le scooter **dont** je rêvais depuis toujours. – *Meine Eltern haben mir den Roller geschenkt, von dem ich immer träumte.*

Relativsatz mit *lequel*

	Singular	Plural
maskulin	**lequel**	**lesquels**
feminin	**laquelle**	**lesquelles**

Lequel wird in Geschlecht und Zahl an das Bezugswort angeglichen. Es folgt in der Regel auf eine Präposition (**avec**, **pendant**, **pour**, **sans**):

C'est la raison **pour laquelle** je n'aime pas le camping sauvage.

Mit der Präposition **à** ergibt sich die Verschmelzung:

à + lequel	= auquel
à + laquelle	= à laquelle
à + lesquels	= auxquels
à + lesquelles	= auxquelles

Tu connais un jeu **auquel** on pourrait jouer ?

Relativsatz mit *où*

Das Relativpronomen **où** wird in folgenden Konstruktionen verwendet:

- Ortsbestimmungen im Relativsatz:
  Je ne sais pas **où** je vais aller cet été.
- Präpositionen + **où** (**jusqu'où**, **d'où**):
  Je ne sais pas **jusqu'où** je pourrais aller.
- Wendungen mit zeitlicher Bedeutung (**au moment où**, **le jour où**):
  Il a sonné **au moment où** j'étais sous la douche.

Relativsatz mit *ce qui* und *ce que*

Ce qui und **ce que** entsprechen dem deutschen *was*.

Ce qui ist Subjekt des Relativsatzes:
Tu comprends **ce qui** m'énerve ?
– *Verstehst du, was mich nervt?*

Ce que ist Objekt des Relativsatzes:
Tu as compris **ce qu'**il t'a dit ?
– *Hast du verstanden, was er dir gesagt hat?*

Um einen Begriff oder Satzteil hervorzuheben, ersetzt man ihn durch **ce qui/ce que** und stellt den Relativsatz an den Anfang. Der Hauptsatz wird mit **c'est** oder **ce sont** wieder aufgenommen:
Ce qui me plaît le plus chez toi, **c'est** ton sourire.
Ce que je ne supporte pas, **ce sont** les gens qui parlent la bouche pleine.

être sein

Etre wird meist als Hilfsverb verwendet, z. B. beim Passiv, bei den reflexiven Verben u. a.

INDICATIF

présent

je	suis
tu	es
il	est
nous	sommes
vous	êtes
ils	sont

passé composé

j'	ai	été
tu	as	été
il	a	été
nous	avons	été
vous	avez	été
ils	ont	été

imparfait

j'	étais
tu	étais
il	était
nous	étions
vous	étiez
ils	étaient

plus-que-parfait

j'	avais	été
tu	avais	été
il	avait	été
nous	avions	été
vous	aviez	été
ils	avaient	été

passé simple

je	fus
tu	fus
il	fut
nous	fûmes
vous	fûtes
ils	furent

passé antérieur

j'	eus	été
tu	eus	été
il	eut	été
nous	eûmes	été
vous	eûtes	été
ils	eurent	été

futur simple

je	serai
tu	seras
il	sera
nous	serons
vous	serez
ils	seront

futur antérieur

j'	aurai	été
tu	auras	été
il	aura	été
nous	aurons	été
vous	aurez	été
ils	auront	été

CONDITIONNEL

présent		passé		
je	serais	j'	aurais	été
tu	serais	tu	aurais	été
il	serait	il	aurait	été
nous	serions	nous	aurions	été
vous	seriez	vous	auriez	été
ils	seraient	ils	auraient	été

SUBJONCTIF

présent		passé		
que je	sois	que j'	aie	été
que tu	sois	que tu	aies	été
qu' il	soit	qu' il	ait	été
que nous	soyons	que nous	ayons	été
que vous	soyez	que vous	ayez	été
qu' ils	soient	qu' ils	aient	été

imparfait		plus-que-parfait		
que je	fusse	que j'	eusse	été
que tu	fusses	que tu	eusses	été
qu' il	fût	qu' il	eût	été
que nous	fussions	que nous	eussions	été
que vous	fussiez	que vous	eussiez	été
qu' ils	fussent	qu' ils	eussent	été

IMPERATIF

sois
soyons
soyez

PARTICIPE

présent	passé
étant	été *(unveränderlich)*

avoir haben

Avoir wird meist als Hilfsverb verwendet.

INDICATIF

présent		passé composé		
j'	ai	j'	ai	eu
tu	as	tu	as	eu
il	a	il	a	eu
nous	avons	nous	avons	eu
vous	avez	vous	avez	eu
ils	ont	ils	ont	eu

imparfait		plus-que-parfait		
j'	avais	j'	avais	eu
tu	avais	tu	avais	eu
il	avait	il	avait	eu
nous	avions	nous	avions	eu
vous	aviez	vous	aviez	eu
ils	avaient	ils	avaient	eu

passé simple		passé antérieur		
j'	eus	j'	eus	eu
tu	eus	tu	eus	eu
il	eut	il	eut	eu
nous	eûmes	nous	eûmes	eu
vous	eûtes	vous	eûtes	eu
ils	eurent	ils	eurent	eu

futur simple		futur antérieur		
j'	aurai	j'	aurai	eu
tu	auras	tu	auras	eu
il	aura	il	aura	eu
nous	aurons	nous	aurons	eu
vous	aurez	vous	aurez	eu
ils	auront	ils	auront	eu

CONDITIONNEL

présent		passé		
j'	aurais	j'	aurais	eu
tu	aurais	tu	aurais	eu
il	aurait	il	aurait	eu
nous	aurions	nous	aurions	eu
vous	auriez	vous	auriez	eu
ils	auraient	ils	auraient	eu

SUBJONCTIF

présent		passé		
que j'	aie	que j'	aie	eu
que tu	aies	que tu	aies	eu
qu' il	ait	qu' il	ait	eu
que nous	ayons	que nous	ayons	eu
que vous	ayez	que vous	ayez	eu
qu' ils	aient	qu' ils	aient	eu

imparfait		plus-que-parfait		
que j'	eusse	que j'	eusse	eu
que tu	eusses	que tu	eusses	eu
qu' il	eût	qu' il	eût	eu
que nous	eussions	que nous	eussions	eu
que vous	eussiez	que vous	eussiez	eu
qu' ils	eussent	qu' ils	eussent	eu

IMPERATIF

aie
ayons
ayez

PARTICIPE

présent	passé
ayant	eu(e)

faire tun / machen

INDICATIF

présent		passé composé		
je	fais	j'	ai	fait
tu	fais	tu	as	fait
il	fait	il	a	fait
nous	faisons	nous	avons	fait
vous	faites	vous	avez	fait
ils	font	ils	ont	fait

imparfait		plus-que-parfait		
je	faisais	j'	avais	fait
tu	faisais	tu	avais	fait
il	faisait	il	avait	fait
nous	faisions	nous	avions	fait
vous	faisiez	vous	aviez	fait
ils	faisaient	ils	avaient	fait

passé simple		passé antérieur		
je	fis	j'	eus	fait
tu	fis	tu	eus	fait
il	fit	il	eut	fait
nous	fîmes	nous	eûmes	fait
vous	fîtes	vous	eûtes	fait
ils	firent	ils	eurent	fait

futur simple		futur antérieur		
je	ferai	j'	aurai	fait
tu	feras	tu	auras	fait
il	fera	il	aura	fait
nous	ferons	nous	aurons	fait
vous	ferez	vous	aurez	fait
ils	feront	ils	auront	fait

CONDITIONNEL

présent		**passé**		
je	ferais	j'	aurais	fait
tu	ferais	tu	aurais	fait
il	ferait	il	aurait	fait
nous	ferions	nous	aurions	fait
vous	feriez	vous	auriez	fait
ils	feraient	ils	auraient	fait

SUBJONCTIF

présent		**passé**		
que je	fasse	que j'	aie	fait
que tu	fasses	que tu	aies	fait
qu' il	fasse	qu' il	ait	fait
que nous	fassions	que nous	ayons	fait
que vous	fassiez	que vous	ayez	fait
qu' ils	fassent	qu' ils	aient	fait

imparfait		**plus-que-parfait**		
que je	fisse	que j'	eusse	fait
que tu	fisses	que tu	eusses	fait
qu' il	fît	qu' il	eût	fait
que nous	fissions	que nous	eussions	fait
que vous	fissiez	que vous	eussiez	fait
qu' ils	fissent	qu' ils	eussent	fait

IMPERATIF

fais
faisons
faites

PARTICIPE

présent	**passé**
faisant	fait(e)

parler sprechen

INDICATIF

présent		passé composé		
je	parl**e**	j'	ai	parlé
tu	parl**es**	tu	as	parlé
il	parl**e**	il	a	parlé
nous	parl**ons**	nous	avons	parlé
vous	parl**ez**	vous	avez	parlé
ils	parl**ent**	ils	ont	parlé

imparfait		plus-que-parfait		
je	parl**ais**	j'	avais	parlé
tu	parl**ais**	tu	avais	parlé
il	parl**ait**	il	avait	parlé
nous	parl**ions**	nous	avions	parlé
vous	parl**iez**	vous	aviez	parlé
ils	parl**aient**	ils	avaient	parlé

passé simple		passé antérieur		
je	parl**ai**	j'	eus	parlé
tu	parl**as**	tu	eus	parlé
il	parl**a**	il	eut	parlé
nous	parl**âmes**	nous	eûmes	parlé
vous	parl**âtes**	vous	eûtes	parlé
ils	parl**èrent**	ils	eurent	parlé

futur simple		futur antérieur		
je	parl**erai**	j'	aurai	parlé
tu	parl**eras**	tu	auras	parlé
il	parl**era**	il	aura	parlé
nous	parl**erons**	nous	aurons	parlé
vous	parl**erez**	vous	aurez	parlé
ils	parl**eront**	ils	auront	parlé

CONDITIONNEL

présent		**passé**		
je	parl**erais**	j'	aurais	parlé
tu	parl**erais**	tu	aurais	parlé
il	parl**erait**	il	aurait	parlé
nous	parl**erions**	nous	aurions	parlé
vous	parl**eriez**	vous	auriez	parlé
ils	parl**eraient**	ils	auraient	parlé

SUBJONCTIF

présent		**passé**		
que je	parl**e**	que j'	aie	parlé
que tu	parl**es**	que tu	aies	parlé
qu' il	parl**e**	qu' il	ait	parlé
que nous	parl**ions**	que nous	ayons	parlé
que vous	parl**iez**	que vous	ayez	parlé
qu' ils	parl**ent**	qu' ils	aient	parlé

imparfait		**plus-que-parfait**		
que je	parl**asse**	que j'	eusse	parlé
que tu	parl**asses**	que tu	eusses	parlé
qu' il	parl**ât**	qu' il	eût	parlé
que nous	parl**assions**	que nous	eussions	parlé
que vous	parl**assiez**	que vous	eussiez	parlé
qu' ils	parl**assent**	qu' ils	eussent	parlé

IMPERATIF

parl**e**
parl**ons**
parl**ez**

PARTICIPE

présent	**passé**
parl**ant**	parl**é(e)**

2.Konjungation: -ir (mit Stammerweiterung)

finir beenden

INDICATIF

présent		passé composé		
je	fin**is**	j'	ai	fini
tu	fin**is**	tu	as	fini
il	fin**it**	il	a	fini
nous	fin**issons**	nous	avons	fini
vous	fin**issez**	vous	avez	fini
ils	fin**issent**	ils	ont	fini

imparfait		plus-que-parfait		
je	fin**issais**	j'	avais	fini
tu	fin**issais**	tu	avais	fini
il	fin**issait**	il	avait	fini
nous	fin**issions**	nous	avions	fini
vous	fin**issiez**	vous	aviez	fini
ils	fin**issaient**	ils	avaient	fini

passé simple		passé antérieur		
je	fin**is**	j'	eus	fini
tu	fin**is**	tu	eus	fini
il	fin**it**	il	eut	fini
nous	fin**îmes**	nous	eûmes	fini
vous	fin**îtes**	vous	eûtes	fini
ils	fin**irent**	ils	eurent	fini

futur simple		futur antérieur		
je	fin**irai**	j'	aurai	fini
tu	fin**iras**	tu	auras	fini
il	fin**ira**	il	aura	fini
nous	fin**irons**	nous	aurons	fini
vous	fin**irez**	vous	aurez	fini
ils	fin**iront**	ils	auront	fini

CONDITIONNEL

présent		**passé**		
je	fin**irais**	j'	aurais	fini
tu	fin**irais**	tu	aurais	fini
il	fin**irait**	il	aurait	fini
nous	fin**irions**	nous	aurions	fini
vous	fin**iriez**	vous	auriez	fini
ils	fin**iraient**	ils	auraient	fini

SUBJONCTIF

présent		**passé**		
que je	fin**isse**	que j'	aie	fini
que tu	fin**isses**	que tu	aies	fini
qu' il	fin**isse**	qu' il	ait	fini
que nous	fin**issions**	que nous	ayons	fini
que vous	fin**issiez**	que vous	ayez	fini
qu' ils	fin**issent**	qu' ils	aient	fini

imparfait		**plus-que-parfait**		
que je	fin**isse**	que j'	eusse	fini
que tu	fin**isses**	que tu	eusses	fini
qu' il	fin**ît**	qu' il	eût	fini
que nous	fin**issions**	que nous	eussions	fini
que vous	fin**issiez**	que vous	eussiez	fini
qu' ils	fin**issent**	qu' ils	eussent	fini

IMPERATIF

fin**is**
fin**issons**
fin**issez**

PARTICIPE

présent	**passé**
fin**issant**	fin**i(e)**

3.Konjungation: -re

rendre zurückgeben

INDICATIF

présent		**passé composé**		
je	rend**s**	j'	ai	rendu
tu	rend**s**	tu	as	rendu
il	rend	il	a	rendu
nous	rend**ons**	nous	avons	rendu
vous	rend**ez**	vous	avez	rendu
ils	rend**ent**	ils	ont	rendu

imparfait		**plus-que-parfait**		
je	rend**ais**	j'	avais	rendu
tu	rend**ais**	tu	avais	rendu
il	rend**ait**	il	avait	rendu
nous	rend**ions**	nous	avions	rendu
vous	rend**iez**	vous	aviez	rendu
ils	rend**aient**	ils	avaient	rendu

passé simple		**passé antérieur**		
je	rend**is**	j'	eus	rendu
tu	rend**is**	tu	eus	rendu
il	rend**it**	il	eut	rendu
nous	rend**îmes**	nous	eûmes	rendu
vous	rend**îtes**	vous	eûtes	rendu
ils	rend**irent**	ils	eurent	rendu

futur simple		**futur antérieur**		
je	rend**rai**	j'	aurai	rendu
tu	rend**ras**	tu	auras	rendu
il	rend**ra**	il	aura	rendu
nous	rend**rons**	nous	aurons	rendu
vous	rend**rez**	vous	aurez	rendu
ils	rend**ront**	ils	auront	rendu

CONDITIONNEL

présent		passé		
je	rend**rais**	j'	aurais	rendu
tu	rend**rais**	tu	aurais	rendu
il	rend**rait**	il	aurait	rendu
nous	rend**rions**	nous	aurions	rendu
vous	rend**riez**	vous	auriez	rendu
ils	rend**raient**	ils	auraient	rendu

SUBJONCTIF

présent		passé		
que je	rend**e**	que j'	aie	rendu
que tu	rend**es**	que tu	aies	rendu
qu' il	rend**e**	qu' il	ait	rendu
que nous	rend**ions**	que nous	ayons	rendu
que vous	rend**iez**	que vous	ayez	rendu
qu' ils	rend**ent**	qu' ils	aient	rendu

imparfait		plus-que-parfait		
que je	rend**isse**	que j'	eusse	rendu
que tu	rend**isses**	que tu	eusses	rendu
qu' il	rend**ît**	qu' il	eût	rendu
que nous	rend**issions**	que nous	eussions	rendu
que vous	rend**issiez**	que vous	eussiez	rendu
qu' ils	rend**issent**	qu' ils	eussent	rendu

IMPERATIF

rend**s**
rend**ons**
rend**ez**

PARTICIPE

présent	passé
rend**ant**	rend**u(e)**

se lever aufstehen

INDICATIF

présent

je	me	lève
tu	te	lèves
il	se	lève
nous	nous	levons
vous	vous	levez
ils	se	lèvent

passé composé

je	me	suis	levé
tu	t'	es	levé
il	s'	est	levé
nous	nous	sommes	levés
vous	vous	êtes	levés
ils	se	sont	levés

imparfait

je	me	levais
tu	te	levais
il	se	levait
nous	nous	levions
vous	vous	leviez
ils	se	levaient

plus-que-parfait

je	m'	étais	levé
tu	t'	étais	levé
il	s'	était	levé
nous	nous	étions	levés
vous	vous	étiez	levés
ils	s'	étaient	levés

passé simple

je	me	levai
tu	te	levas
il	se	leva
nous	nous	levâmes
vous	vous	levâtes
ils	se	levèrent

passé antérieur

je	me	fus	levé
tu	te	fus	levé
il	se	fut	levé
nous	nous	fûmes	levés
vous	vous	fûtes	levés
ils	se	furent	levés

futur simple

je	me	lèverai
tu	te	lèveras
il	se	lèvera
nous	nous	lèverons
vous	vous	lèverez
ils	se	lèveront

futur antérieur

je	me	serai	levé
tu	te	seras	levé
il	se	sera	levé
nous	nous	serons	levés
vous	vous	serez	levés
ils	se	seront	levés

CONDITIONNEL

présent			**passé**			
je	me	lèverais	je	me	serais	levé
tu	te	lèverais	tu	te	serais	levé
il	se	lèverait	il	se	serait	levé
nous	nous	lèverions	nous	nous	serions	levés
vous	vous	lèveriez	vous	vous	seriez	levés
ils	se	lèveraient	ils	se	seraient	levés

SUBJONCTIF

présent				**passé**				
que	je	me	lève	que	je	me	sois	levé
que	tu	te	lèves	que	tu	te	sois	levé
qu'	il	se	lève	qu'	il	se	soit	levé
que	nous	nous	levions	que	nous	nous	soyons	levés
que	vous	vous	leviez	que	vous	vous	soyez	levés
qu'	ils	se	lèvent	qu'	ils	se	soient	levés

imparfait				**plus-que-parfait**				
que	je	me	levasse	que	je	me	fusse	levé
que	tu	te	levasses	que	tu	te	fusses	levé
qu'	il	se	levât	que	nous	nous	fussions	levés
que	nous	nous	levassions	que	nous	nous	fussions	levé
que	vous	vous	levassiez	que	vous	vous	fussiez	levés
qu'	ils	se	levassent	que	vous	vous	fussiez	levé

IMPERATIV

lève-toi
levons-nous
levez-vous

PARTICIPE

présent	**passé**
se levant	s'étant levé

être élu gewählt werden *(élire)*

INDICATIF

présent			passé composé		
je	suis	élu	j'	ai	été élu
tu	es	élu	tu	as	été élu
il	est	élu	il	a	été élu
nous	sommes	élus	nous	avons	été élus
vous	êtes	élus	vous	avez	été élus
ils	sont	élus	ils	ont	été élus

imparfait			plus-que-parfait		
j'	étais	élu	j'	avais	été élu
tu	étais	élu	tu	avais	été élu
il	était	élu	il	avait	été élu
nous	étions	élus	nous	avions	été élus
vous	étiez	élus	vous	aviez	été élus
ils	étaient	élus	ils	avaient	été élus

passé simple			passé antérieur		
je	fus	élu	j'	eus	été élu
tu	fus	élu	tu	eus	été élu
il	fut	élu	il	eut	été élu
nous	fûmes	élus	nous	eûmes	été élus
vous	fûtes	élus	vous	eûtes	été élus
ils	furent	élus	ils	eurent	été élus

futur simple			futur antérieur		
je	serai	élu	j'	aurai	été élu
tu	seras	élu	tu	auras	été élu
il	sera	élu	il	aura	été élu
nous	serons	élus	nous	aurons	été élus
vous	serez	élus	vous	aurez	été élus
ils	seront	élus	ils	auront	été élus

CONDITIONNEL

présent			passé		
je	serais	élu	j'	aurais	été élu
tu	serais	élu	tu	aurais	été élu
il	serait	élu	il	aurait	été élu
nous	serions	élus	nous	aurions	été élus
vous	seriez	élus	vous	auriez	été élus
ils	seraient	élus	ils	auraient	été élus

SUBJONCTIF

présent			passé		
que je	sois	élu	que j'	aie	été élu
que tu	sois	élu	que tu	aies	été élu
qu' il	soit	élu	qu' il	ait	été élu
que nous	soyons	élus	que nous	ayons	été élus
que vous	soyez	élus	que vous	ayez	été élus
qu' ils	soient	élus	qu' ils	aient	été élus

imparfait			plus-que-parfait		
que je	fusse	élu	que j'	eusse	été élu
que tu	fusses	élu	que tu	eusses	été élu
qu' il	fût	élu	qu' il	eût	été élu
que nous	fussions	élus	que nous	eussions	été élus
que vous	fussiez	élus	que vous	eussiez	été élus
qu' ils	fussent	élus	qu' ils	eussent	été élus

IMPERATIF

sois élu
soyons élus
soyez élus

PARTICIPE

présent	passé
étant élu	ayant été élu

FRANZÖSISCH to go
GRAMMATIK

Schnell alles nachschlagen - auch unterwegs

Kurze und präzise Erklärungen der wichtigsten Grammatikregeln

Übersichtliche Darstellung des Gebrauchs der Zeiten

Mit Regelkonjugationen, Hilfsverben und unregelmäßigen Verben

Das Extra: praktische Konjugationstabellen

Zum Nachschlagen und Wiederholen – an jedem Ort

www.pons.de

9 783125 613362

ISBN-10: 3-12-561336-1
ISBN-13: 978-3-12-561336-2